N. Sri Ram

O Verdadeiro Trabalho da Sociedade Teosófica

N. Sri Ram

O Verdadeiro Trabalho da Sociedade Teosófica

Discurso dirigido à Seção Australiana
Convenção de março de 1970

Editora Teosófica
Brasília-DF

The Theosophical Publishing House
Adyar, Madras, 600 020, Índia

EDITORA TEOSÓFICA
Sig Sul Qd. 06 Lt 1.235
70.610-460 – Brasília – DF – Brasil
Tel. (61) 3322-7843
E-mail: editorateosofica@editorateosofica.com.br
Site: www.editorateosofica.com.br

Ram, S.

R165

O Verdadeiro Trabalho da Sociedade Teosófica / S. Ram:
Tradução, Edvaldo Batista.-1.ed.-Brasília:
Editora Teosófica, 2017

Tradução de: The real work of the Theosophical Society

ISBN 978-85-7922-129-3

CDD 212

Revisão: Samira Santana de Almeida
Diagramação: Reginaldo Mesquita - Fone (61) 3341-3272
Capa: Marcelo Ramos - Fone (61) 3797-7755
Impressão: Grafika Papel e Cores - Fone (61) 3344-3101
E-mail: comercial@papelecores.com.br

Sumário

1. O Verdadeiro Trabalho da Sociedade Teosófica

O tema principal desta convenção é o verdadeiro trabalho da Sociedade Teosófica nos tempos atuais. A Sociedade não foi fundada como um movimento para ensinar as pessoas a serem boas no sentido convencional – isto é, a não roubar, matar, enganar, ou perpetrar atos tão evidentemente injuriosos que, infelizmente, são prevalecentes nos dias de hoje. Essa Sociedade também não tinha por objetivo ser uma escola de Ocultismo. Uma carta de um dos Mahatmas torna isso bastante claro. Ele diz: 'Antes pereça a ST com seus dois infelizes fundadores do que permitirmos que ela se torne não mais do que uma academia de magia, um centro de Ocultismo'. Essas palavras são surpreendentes e ressonantes. A Sociedade também não tem por objetivo simplesmente satisfazer a curiosidade intelectual, propiciar um fórum para nos divertirmos quando nos sentimos enfadados, discutindo temas intelectuais variados. Ela foi fundada com o elevado propósito de promover a regeneração espiritual do ser humano. Sendo assim, é importante compreender o que significa essa regeneração e como ela pode ocorrer.

O Primeiro Objetivo – a Fraternidade Universal da Humanidade – inserido alguns anos após a fundação da Sociedade, por insistência dos Adeptos como sendo uma base necessária para a promoção daquele elevado objetivo, ou seja, a radical transformação da humanidade, de toda a sua natureza, de sua conduta e de seu futuro. Se mantivermos isso em mente, então poderemos descobrir que linha de atividade será mais valiosa adotar a qualquer tempo. Existem membros que dizem:

'Temos os três Objetivos da Sociedade; será que eles não são o suficiente?' Eles são amplos e, portanto, devem ser suficientes. Sobretudo porque são bem elaborados, expostos de maneira abrangente, que qualquer bom trabalho, seja ele comunitário, intelectual ou de natureza da pesquisa psíquica, pode ser contemplado por eles. Há muitas outras organizações engajadas nessa linha. Devemos simplesmente duplicar seu trabalho pelas vias intelectual, filosófica, psicanalítica, espiritualista, etc.? Ou será que fomos chamados para algo mais? No momento, a Fraternidade Universal é uma ideia aceita de modo bastante amplo, muito embora assim o seja apenas verbalmente e não na prática. Mediante isso, surgem nossos críticos com a acusação, de certo modo válida, afirmando que nós simplesmente tornamos esta Fraternidade Universal um lema a ser compreendido no tempo devido. Quando se diz ‘no tempo devido’, isso nos dá uma extensão de tempo indefinida e todo sentido de urgência desaparece. Podemos alcançá-la tão gradualmente quanto queiramos, sem sofrer qualquer inconveniência.

Se verificarmos o Segundo Objetivo – o estudo comparado das Religiões, Ciências e Filosofias – descobriremos que existem inúmeras organizações acadêmicas engajadas exatamente em fazer isso. Elas comparam o Hinduísmo com o Budismo, o Cristianismo com o Mitraísmo e têm por objetivo assinalar similaridades e dessemelhanças entre esses diferentes sistemas de pensamento. Além disso, elas correlacionam as ideias de Ciência com as de Filosofia Antiga ou Moderna, como um exercício puramente intelectual. Mas aonde tudo isso nos leva? Nossa vida segue em frente da mesma maneira que antes, com suas dores, problemas, vazios e frivolidades. Também existem inúmeras sociedades engajadas em pesquisa psíquica, de um tipo ou de outro.

O que temos que focalizar neste ponto crucial do desenvolvimento das atitudes humanas? Essa é uma pergunta que não deve ser respondida apenas por mim ou por mais alguém, mas deve ser dirigida a cada membro da Sociedade, de modo que ele possa alcançar uma compreensão própria, compreensão essa que, provavelmente, se ampliará à medida que ele prosseguir. A mera aceitação de alguém que possa parecer inteligente, ou que possa falar com fluência, ou ainda que possa ter algum tipo de *status*, não ajudará nesse movimento.

2. A Palavra Teosofia

Quanto mais cuidadosamente considerarmos esta questão, certamente chegaremos à compreensão de que a palavra Teosofia, contida no título da Sociedade, é que nos indica o caráter do trabalho no qual devemos estar engajados. Sugestivamente, a palavra Teosofia é deixada totalmente sem definição. Contudo, em seu sentido literal, ela pode ser como uma estrela brilhante no horizonte, rumo à qual deve ser orientado nosso trabalho, cujas vibrações podem penetrar nossos corações e ser transmitidas através de nossas vidas, por meio de cada palavra e ação.

Teosofia, traduzida literalmente, é Sabedoria Divina. Mas o que é divino? Não podemos dizer que o que quer que tenhamos em mente como ideia represente o que é divino. O que pensamos ser divino provavelmente é apenas a projeção de uma experiência prévia. Ela pode não ser divina. Na maioria dos casos é uma imagem projetada a partir de um antecedente de reações, altamente limitadas e condicionadas. Pergunte a qualquer pessoa pertencente a alguma das várias escolas ou seitas e ela lhe dirá o que pensa ser divino segundo as ideias de sua escola. Mas na realidade é apenas o seu conceito ou crença; não existe validade particular agregada à ideia.

Então, o que é essa sabedoria que, por certo, está bem mais internamente ligada ao nosso entendimento? Temos de compreender que sabedoria não é conhecimento, não importa quão recônditos sejam os temas que abranja. Nada pode ser mais recôndito do que as partículas elementares de que fala a Ciência atualmente e das quais tem surgido uma desconcertante variedade nos últimos anos. Pode-se ter muito conhecimento com relação a elas ou a algo mais que esteja além do horizonte da compreensão humana. Temos um conhecimento bem detalhado das cadeias, rondas e dos globos que constituem o ciclo da onda de vida humana ou subumana, mas tudo isso, não necessariamente, tornará o homem um sábio.

3. *Sabedoria Nascida no Céu*

A pessoa pode ser extremamente erudita, totalmente focada no seu conhecimento, absolutamente segura a respeito do que pensa que sabe e, contudo, pode ser incapaz de viver harmoniosamente com o(a) cônjuge e filhos. Você chamaria essa pessoa de sábia ou carente de sabedoria? Certamente o conhecimento comum não fará do homem um sábio. Ele pode ser versado em Teologia, Ciência ou Ocultismo, em alguns de seus aspectos, mas tudo isso não lhe permitirá pensar corretamente sobre questões pertinentes à sua própria vida, ao seu relacionamento com as pessoas. Se tivermos um vislumbre da verdadeira sabedoria, veremos que a sabedoria tem um sabor diferente do conhecimento dos fatos dos quais fazemos imagens conceituais. As imagens das coisas são como mobília, desenhos ou pinturas nas paredes da consciência. Elas estão lá apenas para ser olhadas, mas a pessoa, em meio a elas, permanece agindo da mesma forma. Certamente que isso não é um sinal de sabedoria.

A sabedoria pertence à alma humana e tem uma faculdade diferente, uma fragrância diferente, sendo algo de fora deste mundo. Ela é algo nascido no céu. Todas essas palavras soam poéticas, mas eu sinto que são terminantemente verdadeiras. Com relação a questões que possamos chamar de espirituais, o que parece poético pode, também, ser verdadeiro. Pode ser a poesia da verdade e não mera fantasia. O teste perfeito da sabedoria pode ser visto se a pessoa está agindo conforme a verdade das coisas ou de acordo com várias fantasias, imaginações e ilusões, que possa estar nutrindo. Se ela age de acordo com os fatos verdadeiros, seja no nível físico, psíquico ou qualquer nível superior ou mais profundo, então está agindo sabiamente. Mas se busca um fogo-fátuo, um fantasma, uma luz ilusória, fantasias que surgem no ar como fumaça e, eventualmente, se espalham e somem, então essa pessoa certamente não é sábia. O modo como a pessoa age, pensa e sente realmente responde à pergunta se ela é sábia ou não.

Não se deve entender a ação como se referindo meramente a atos manifestos, a transações com outras pessoas ou ao que fazemos no mundo externo, de uma maneira visível. Ação é um termo muito amplo. Ações de vários tipos estão ocorrendo no corpo humano, ações químicas, ações elétricas e outras. Nós não temos consciência delas. Existe também a ação do pensamento, da emoção e do sentimento. Existe ação em todos os níveis do ser – a ação total do ser, englobando todos os níveis. Vida significa ação.

4. O Pão da Vida

Quando falamos na verdade das coisas, nos perguntamos se não estarão os cientistas também engajados em descobrir a verdade. Observa-se, no entanto, que, embora eles tenham chegado a enviar foguetes à Lua, não obtiveram êxito em preencher o coração humano com o que ele mais precisa em momentos de solidão, de dor e de sofrimento. Não há dúvida de que a ciência está engajada na busca da verdade, mas é a verdade de uma natureza formal, preocupada com a aparência das coisas. Tudo que pode ser descoberto pela ciência e seus métodos é apenas um conhecimento com relação ao invólucro externo da Natureza, não ao interno. Ela demonstra a casca, a composição e propriedades da casca, contudo, ela não nos fornece o pão da vida. A verdade, que deve ser identificada com a vida, pode ter uma natureza que exija uma profunda imersão, se quisermos compreendê-la. Pode ser multilateral; pode ter em si uma grande profundidade; pode haver extensões além da aparência. Existe vida no interior da forma e onde quer que haja vida existe consciência, de alguma forma. Consciência é um tema muito vasto que abre caminhos que incluem vários modos de ação, as diferentes qualidades que ela revela e também as complicações que se desenvolvem numa condição de desconhecimento. A palavra *consciência* e a palavra *vida* denotam algo que tem profundezas extraordinárias, e nós só conhecemos sua natureza nos baixios ou na superfície. Portanto, não sabemos muita coisa a respeito delas.

Sinto que o trabalho da Sociedade Teosófica deve consistir principalmente na compreensão da natureza da vida como ela é em nós mesmos e nos outros, nas plantas, nos animais e em toda parte – a Vida Una, da qual falaram os grandes Mestres e também na compreensão da natureza da consciência que é mesclada com a vida e é realmente um aspecto da vida.

Existem vários aspectos a ser examinados e isso tem de ser empreendido por alguém, pois a própria natureza interior da pessoa não pode ser descoberta pelas palavras de outrem. A fala ou a comunicação tem seu lugar, mas, para verdadeiramente examinar, a pessoa tem de estar numa condição de completa atenção, tem de se colocar num estado de tranquilidade, de quietude. O oceano da consciência pessoal deve permanecer quieto e tranquilo. Somente então é possível descer às suas profundezas, por assim dizer.

5. A Totalidade da Verdade

A Teosofia é uma sabedoria que está baseada na verdade, mas essa verdade é múltipla, possui várias camadas, uma dentro da outra. Pode-se chamá-la da totalidade da verdade com relação à humanidade, à vida e ao Universo. Se nossas ações, pensamentos, sentimentos e reações estiverem todos em harmonia com a natureza dessa totalidade, então somos sábios. Pode-se dizer que isso é um grande despropósito; como podemos alcançar tal sabedoria? Não podemos ser impacientes a respeito de algo assim. Na verdade, quando se é impaciente, provavelmente é por causa de algum anseio para exaltar a si próprio, um anseio que surge a partir de um processo que nega a possibilidade de sabedoria. É preciso um trabalho árduo para compreender esta possibilidade e nós não gostamos disso porque queremos chegar à meta imediatamente. Se alguém puder dar-nos um mantra transcendental ou algo do tipo, que seja como uma pílula para agir rapidamente, então muitos correrão atrás dessa pílula, pois é isso que nós queremos.

Temos de entender o que é necessário para a compreensão da verdade total. O Segundo Objetivo da Sociedade Teosófica refere-se à Religião, Ciência e Filosofia. Assim como existe a palavra Teosofia, deixada sem definição, de modo que cada indivíduo possa sentir o chamado para descobrir seu significado por si mesmo e desvendá-lo em sua própria vida, existem também essas três palavras:

Religião, Ciência e Filosofia. Os atributos que pertencem aos princípios que elas indicam são todos essenciais para a descoberta da verdade. A pessoa deve ter uma mente que seja científica, sem implicar que deva conhecer muito a respeito de ciência. Pode-se ser altamente científico no modo de pensar, isto é, lógico, preciso, exato, sem conhecer muita coisa de ciência. O que chamamos de ciência é uma grande quantidade de informação a respeito de várias coisas e quando tivermos coletado essas informações, pensaremos que temos conhecimento científico, mas isso é apenas uma coleção guardada no cérebro, por assim dizer.

O que é preciso é uma mente que aborde todas as questões num espírito de realismo, usando esta palavra não em seu sentido técnico, mas no espírito de ser objetivo, confrontando fatos, vendo as coisas como elas são. A excepcional qualidade da mente científica é a firme confrontação dos fatos sem se voltar para outras direções, de modo que o fato seja refletido na mente exatamente como ele é.

Esta qualidade científica dá origem a outras. Logo, alcançamos grande precisão em definição, em compreensão, vemos a sequência de fatos e a ordem que abrange esses fatos. Todas essas atividades da mente científica surgem da capacidade de ver o fato como fato ou, para usar as palavras do Senhor Buda: "Ver o verdadeiro como verdadeiro e o falso como falso".

6. *Um Espelho Polido*

Quando dizemos 'confrontar os fatos' não queremos dizer confrontar os fatos apenas no nível físico, mas também os fatos psicológicos, o que ocorre em nossas próprias mentes, nossas reações e sentimentos internos, os motivos que nos impulsionam para certos rumos, fazendo com que digamos as palavras certas e que façamos as coisas certas. Mesmo o maior cientista não é, necessariamente, objetivo e científico em questões não pertinentes à ciência. Esta confrontação de fatos significa muito; é sustentar-se, compreender-se, render-se ao regime da verdade, perceber a verdade em si mesma sem se extraviar. Assim, a palavra 'objetivo' pode significar uma condição de grande receptividade e profundidade. A pessoa tem de ser objetiva com relação à totalidade da Natureza. Desta forma, é possível alcançar uma condição interna de conhecimento *puro*, livre de quaisquer noções, na qual tudo que é externo à pessoa está refletido em sua verdadeira natureza, nessa condição interior. Toda a natureza pessoal pode tornar-se um espelho polido da verdade. Se o que eu estou dizendo é correto e não apenas uma fantasia poética, então é uma verdade extraordinária a ser compreendida. Será possível alcançarmos uma condição onde nossa natureza interna, o ser interior, torne-se tão purificado, sereno, uniforme, refinado, moldado e infundido de energia, que se torne uma película sensível a refletir a verdade das coisas em qualquer nível? Acredito ser possível chegarmos a essa condição, desde que não afirmemos ter chegado a ela. Só assim compreenderemos a possibilidade de tal mudança em nós mesmos.

Quando passamos para o reino da religião, parece que deixamos para trás o domínio da certeza e da objetividade e chegamos a uma terra onde todo mundo é livre para pensar qualquer coisa, por mais fantasiosa que possa ser e para acreditar no que se gosta, um tipo de região crepuscular. Será isso religião? Acredito que, para ter validade, a religião deva ser um aspecto da verdade; mas então temos de compreender a natureza desse aspecto. Geralmente se pensa em religião como a adesão a um conjunto de crenças e práticas, reivindicando-se a submissão a indivíduos, com certas autoridades e também a aceitação de códigos e penalidades – uma disciplina que é exigida dos seguidores. Contudo, enquanto for assim, uma religião sempre estará em conflito com a outra.

Mas existe na humanidade uma natureza que subjaz à atividade superficial da mente e às várias ideias que ela inventa. A pessoa verdadeiramente religiosa, qualquer que seja a religião à que pertença, ou mesmo que não professe qualquer religião, age com essa natureza fundamental. Como se pode descrever ou definir isso? É muito difícil definir qualquer coisa corretamente. Podemos usar algumas palavras e chamá-las de definição, mas pode não ser uma verdadeira definição. Esta natureza subjacente é a mesma em tudo, sendo uma base homogênea intacta, da mesma substância da consciência, por mais diversificada que possa ser a natureza que é encontrada na superfície. Quando intacta, ela possui suas próprias formas características de ação.

7. *Resposta Total*

O que é mais característico em todas as religiões? Afora as diferenças superficiais, existe uma característica – o espírito ou atitude religiosa, que se expressa sob a forma de completa doação. É um espírito que dá tudo de si sem reservas, seja a um ideal, a uma verdade ou a qualquer outra coisa que o possa atrair. Existe uma resposta total da natureza interior do ser humano a alguma imagem de beleza que preencha seu coração. Esta total doação de si mesmo, num espírito de autoabnegação e de autoentrega é o que caracteriza a pessoa profundamente religiosa. Quando uma pessoa é verdadeiramente religiosa e se doa, ela não divide sua natureza em duas partes, dizendo: 'Esta parte sou eu mesmo, e aquela parte dividirei com os outros'. Não existe tal divisão em sua natureza ou em sua consciência. Esta é a natureza de toda devoção religiosa; toda a natureza da pessoa responde e eleva-se rumo a esse ideal, objetivo, verdade, princípio, imagem ou beleza; e nessa intenção está uma completa ausência do eu.

Pode ser dito: se isso é devoção religiosa, será que não encontramos o mesmo fenômeno no amor, simplesmente no amor humano? Quando uma pessoa ama outra, o amor é frequentemente possessivo e ela cria muitas restrições. Em geral, esse amor baseia-se num tipo de contrato que busca uma barganha tácita. Mas se o amor é destituído de tudo isso, então não equivaleria realmente a uma total doação de si mesmo, sem esperar qualquer tipo de retorno, nem mesmo prazer? Sim, certamente. E se existe amor assim no coração de uma pessoa, ela é verdadeiramente religiosa. Ela pode não professar qualquer religião, pode não ter crença, pode não ter um nome para alguma divindade, mas se ainda existe essa doação, a ação está aí e isso certamente é religião. Poderia se dizer que a religião consiste na ação integral do ser humano, de uma natureza que irradia luz, na qual é percebido o que é belo no objeto de amor ou no objeto de devoção. Essa luz ilumina uma beleza oculta no ser interno da outra pessoa, o objeto, qualquer que possa ser ele. Se existe um amor assim, então ele é a ação dessa natureza subjacente ao ser humano, que é intacta, que não é apenas um espelho da verdade (essas similaridades são todas parciais, não se deve forçá-las demais), mas é capaz de certas formas de ação que ocorrem a partir do interior. Essa ação enche a pessoa de felicidade, um êxtase, ausente nas outras condições. Exceto numa tal doação de si mesmo, não se pode experimentar aquela alegria sublime, a fragrância que desponta do nosso ser interno. No mundo, não existe fragrância similar.

8. Ponto Adimensional

Há também a filosofia. Filosofia é realmente um sistema de pensamento baseado em fatos reais, os fatos da Natureza física, assim como aqueles pertencentes ao ser psíquico do ser humano. Os fatos que percebemos estão ordenados de determinada maneira e construídos sob uma certa estrutura de pensamento que está em harmonia com esses fatos, os quais explicam e revelam a relação entre eles. A dinâmica que ocorre naquilo que chamamos filosofia é como construir uma nobre obra arquitetônica. A arquitetura tem de se apoiar no terreno da verdade ou dos fatos, tem de se adaptar ao terreno e harmonizar-se com ele.

O que chamamos de verdade tem todos esses diferentes aspectos. É a verdade que se estende do centro, que está no ser interno mais recôndito da pessoa até a periferia, os limites externos do mundo em que ela vive ou talvez do Universo. Assim, por englobar uma gama tão extraordinária é que existem diferentes facetas, ou seja, aspectos distintos da verdade. A Teosofia, até onde nos diz respeito, significa uma compreensão na qual existe uma medida de harmonia entre esses diferentes aspectos. Como podemos conhecer esta extraordinária expansão da verdade, que é ilimitada, que tem tantos aspectos, alguns deles sutis, profundos, além de nossa compreensão? Será possível conhecer essa verdade que parece absolutamente além de nós em todas as direções? Acredito que existe apenas uma maneira de alcançá-la e essa maneira, bastante paradoxal, está em chegar ao centro mesmo do próprio ser, uma posição que domina todos os horizontes em todos os níveis. Esse centro do ser é adimensional, como um ponto geométrico. A pessoa então não tenta expandir-se e abarcar muitas coisas, mas volta-se para si, por assim dizer e, nesse ponto, torna-se uma pura conhecedora. Todo o Universo pode ser dividido em duas partes, o aspecto que deve ser conhecido e aquele que é o conhecedor. O conhecedor é o centro e aquilo que deve ser conhecido é a expansão para todos os lados, a série contínua dos fatos.

Há ainda aquela faculdade extraordinária do puro conhecer – chame-a de *Buddhi* se quiser – que é a verdadeira inteligência, distinta do mero intelecto. É possível para *Buddhi* conhecer, ou pelo menos começar a conhecer de verdade, não apenas ver as coisas como parecem, mas conhecê-las como são internamente. Isso requer uma mudança na pessoa, que tem de chegar àquela condição na qual nada se busca, logo, não tenta conquistar mundos, desistiu de toda tentativa de autoengrandecimento. Quando permanecemos onde quer que estejamos, mas numa tal condição de receptividade, de humildade, a verdade surge de todos os lados, para o interior de nossos corações.

Às vezes referimo-nos a *Buddhi* como intuição. É uma palavra sânscrita, mas não sabemos bem o que significa. Usamos tantos termos, *Ātmā*, *Buddhi*, *Paramātmā*, *Parabrahman*, e outras – isso tem sido feito na Índia – mas apesar de todo este floreio com as palavras, a pessoa ainda fica confusa e simplesmente brinca com os conceitos como se poderia brincar com as fichas de um jogo de cartas sobre a mesa. Primeiramente, deve-se conhecer a ação que ocorre dentro da natureza do ser humano, a qualidade que essa ação possui, então, é possível dar a ela o nome que quiser, afinal, o nome não importa muito. Semelhantemente, deve-se conhecer a Sabedoria Divina e então não importa se a chamamos de Teosofia ou *Brahma-vidyā*, ou qualquer outro nome; o que é importante é conhecê-la.

Dizem, às vezes, que estamos em um tempo de transição e que temos de mudar de *kama-manas:* a mente que é influenciada pelo desejo, para *Buddhi-Manas*: a mente que é verdadeiramente iluminada, que é capaz de perceber, sendo essa percepção mais importante do que o próprio pensamento. Primeiramente a pessoa percebe, seja no nível físico ou qualquer dos níveis interiores e, a partir disso, ela pode construir um sistema de pensamento. A mudança que deve ocorrer é a de que o intelecto, que simplesmente brinca com ideias, tem de ser mudado, tem de ser iluminado, infundido com uma espécie de pureza, de tal forma que se torne um instrumento do puro Conhecedor e não apenas o rude intelecto que meramente elabora várias sequências de fatos. Há de ser um intelecto que conheça a qualidade de uma coisa e que não apenas lide com quantidades e números por comparação. Às vezes, as pessoas fazem citações de uma das cartas dos Mahatmas: 'A crista da onda do processo intelectual deve ser tomada em mãos e guiada para a Espiritualidade'. Como você pode guiar à espiritualidade um intelecto que é dogmático, neutro com relação a questões morais, incapaz de qualquer apreciação estética, um intelecto que é frio e petrificado? Primeiramente, este intelecto precisa ser dissolvido, transformado e moldado num instrumento flexível e sensível que possa sondar a natureza interna das coisas. Assim, ele se torna uma extensão do Espírito pertencente àquela natureza humana essencialmente amorosa, aberta, sensível, altruísta e não possessiva. A inteligência dessa natureza é luminosa e penetrante. Além disso, quando essa natureza se manifesta, a vida assume um aspecto extraordinariamente belo; terminam todas as querelas, ressentimentos e rancores. Então, cada pessoa verá todas as outras como irmãos de verdade. Somente dessa maneira pode haver uma nova era, um novo mundo.

Informações sobre Teosofia e o Caminho Espiritual podem ser obtidas na Sociedade Teosófica no Brasil, no seguinte endereço: SGAS - Quadra 603, Conj. E, s/nº, CEP 70.200-630 Brasília, DF. O telefone é (61) 3226-0662.
secretaria@sociedadeteosofica.org.br
www.sociedadeteosofica.org.br.